Katharina Hild · Nikola Hild

Klassische Weihnachtsrezepte
aus Schwaben

35 traditionelle Köstlichkeiten
für die schönste Zeit des Jahres

Inhalt

Vorwort 4

Suppen und Vorspeisen 7

Maultaschensuppe mit geschmälzten Zwiebeln 8
Gebrannte Grießsuppe mit Gemüseringen und Croûtons .. 10
Herzhafte Flädlesuppe, der schwäbische Klassiker 12
Alblinsensuppe mit feinem Sahnehäubchen 14
Gaisburger Marsch mit herzhafter Einlage 16
Feiner Fischtopf mit Fischfilets vom Bodensee 18
Cremige Kartoffelsuppe mit Laugencroûtons 20
Hochzeitssuppe mit dreierlei Klößen 22
Petersilienwurzelsuppe mit gerösteten Kürbiskernen 26
Selbst gemachte Riebele in Gemüsebrühe 28
Mürbteigkörbchen mit Schinken und buntem Salat 30
Fellbacher Flecka mit Speckwürfeln und Lauch 32
Forellencreme-Pralinen im Blätterteigversteck 34
Rote-Bete-Küchle mit zweierlei Ziegenkäse 36

Hauptgerichte 39

Weihnachtskarpfen im Ofen gebacken 40
Schwäbischer Kartoffelsalat mit Saitenwürstchen 42
Saftige Rinderrouladen mit Pinienkernen 44
Gänsekeule mit Rotkraut und Kartoffelknödeln 46
Hohenloher Blootz mit Rote Bete und Bohnen 50
Vegane Flädlesäckle mit Gemüsefüllung 52
Filets vom Bodenseefelchen in Rieslingsauce 54
Beschwipste Honauforelle aus dem Backofen 56

Gefüllte Dampfnudeln auf Pilzragout ... 58
Lammkeule vom Alblamm mit Pflaumen gefüllt ... 60
Eingelegter Mostbraten mit sämiger Gemüsesauce ... 62
Stuttgarter Leberkäse im Meerrettich-Senf-Mantel ... 64
Krustenbraten in Biersauce ... 66
Rinderleber mit Kartoffelbrei und Röstzwiebeln ... 68

Weihnachtsbäckerei und Süßes ... 71

Apfelküchle mit Zimteis und Walnüssen ... 72
Kirschcreme im Glas nach Schwarzwälder Art ... 74
Versoffene Jungfern in Apfel-Birnen-Most ... 76
Kleiner Kirschmichel mit feiner Begleitung ... 78
Zedernbrödle in Halbmondform ... 80
Klassische Ausstecherle, fantasievoll garniert ... 82
Traditionelle Springerle, ein edles Weihnachtsgebäck ... 84
Bärentätzle mit Schoko-Zimt-Geschmack ... 86
Hutzelbrot mit getrockneten Früchten ... 88

Vitae und Danksagung ... 90
Impressum ... 91

Vorwort

Liebe Leserinnen und Leser,

der schwäbischen Küche haftet bis heute der wenig schmeichelhafte Ruf mangelnder Raffinesse an. Denn im nicht gerade mit Reichtümern gesegneten Württemberg diente die Nahrungsaufnahme jahrhundertelang vor allem dem Sattwerden und weniger dem Genuss.

Dennoch ließen es sich die Schwaben auch in der Vergangenheit nicht nehmen, an Weihnachten ganz besondere Köstlichkeiten zuzubereiten. Dabei entwickelte sich in vielen Familien der nach wie vor häufig gepflegte Brauch, an Heiligabend lediglich eine einfache Speise auf den Tisch zu bringen. Als Quotenhit gelten Saitenwürstle mit Kartoffelsalat. An den Feiertagen wird dann umso üppiger geschlemmt. Da werden aufwendig zubereitete Delikatessen serviert, die im übrigen Jahresverlauf selten oder nie auf dem Speiseplan zu finden sind. Die Hitliste der Weihnachtsklassiker dürfte seit den Wirtschaftswunderjahren von Karpfen, Ente und Gans angeführt werden.

Deren Spitzenstellung ist allerdings nicht ganz unangefochten. Schließlich entstanden in den einzelnen Familien und Regionen im Lauf der Zeit durchaus auch abweichende Weihnachtstraditionen. Zudem unterliegen die weihnachtlichen Speisegewohnheiten, ebenso wie die alltäglichen, ständigen Veränderungen.

Das vorweihnachtliche Brödlebacken spielt im Schwäbischen eine ganz besondere Rolle. Bereits um 1910 konstatierte ein norddeutscher Chronist: »Weihnachtsgebäck wird ja auch in anderen deutschen Ländern hergestellt, und manches davon hat darin seine Spezialitäten. Ob aber irgendwo in solchen Massen Weihnachtsbäckereien am häuslichen Herd produziert werden wie im Schwabenland, das muß füglich bezweifelt werden. Der Schwäbin sind die Weihnachtsgutsle schlichtweg eine Ehrensache.«

Aber zuvor, bis ins 19. Jahrhundert, musste Rohrzucker aus Übersee importiert werden und war daher für die meisten Menschen ein unerschwingliches Luxusgut. Für sie waren mit Honig gesüßte Backwaren mit Dörrobst die einzige Möglichkeit, ihren Appetit auf Süßes zu stillen.

Der Mangel hat die Kreativität der Schwaben jedoch stets beflügelt und brachte als besondere Weihnachtsleckerei das Hutzelbrot hervor. Nicht selten wird das familieneigene Rezept wie ein Staatsgeheimnis gehütet und von Generation zu Generation weitervererbt.

Die Erkenntnis, dass Zuckerrüben fast ebenso viel Zucker wie Zuckerrohr enthalten, wurde nicht zuletzt durch Napoleons Kontinentalsperre 1806 bis 1813 befördert. Die Handels- und Wirtschaftsblockade führte zu einer derartigen Verknappung des süßen Rohstoffs, dass der bisher bescheidene Zuckerrübenanbau in Deutschland großflächig ausgebaut wurde. Das machte Zucker für mehr Menschen erschwinglich, was die üppige Weihnachtsbäckerei erst ermöglichte. In der Folgezeit entstanden im ganzen Land Zuckerfabriken. 1851/52 erfolgte die Gründung der ersten Zuckerfabrik in Stuttgart auf dem Gelände des heutigen Hauptbahnhofs.

Anfang des 19. Jahrhunderts entstand in Deutschland auch der Brauch, das Fest unter einem geschmückten Tannenbaum zu begehen. Zunächst bestand der Christbaumschmuck vor allem aus Äpfeln und Weihnachtsgebäck, wobei sich die schwäbischen Springerle mit ihren reliefartigen Darstellungen besonderer Beliebtheit erfreuten. Bis heute werden die kleinen Kunstwerke mithilfe von Springerlemodeln aus Holz hergestellt und zeigen eine große Bandbreite an Motiven. Früher sah man sie häufig liebevoll mit Farben aus Säften und Wurzeln bemalt, zuweilen sogar mit Blattgold verziert.

Aber der Weihnachtsbaumschmuck hat sich ebenso wie die feiertäglichen Speisegewohnheiten weiterentwickelt. Am Baum haben sich Glaskugeln und Lametta zu Äpfeln und Weihnachtsgebäck gesellt und diese teilweise verdrängt. Und auf dem weihnachtlichen Menüplan treten mittlerweile gerne auch vegetarische Kreationen und modern interpretierte Klassiker an die Stelle von Karpfen und Gans.

Wir wünschen Ihnen schöne Weihnachtsfeiertage!

Suppen und Vorspeisen

Maultaschensuppe
mit geschmälzten Zwiebeln

FÜR 4 PERSONEN

Für den Nudelteig:
250 g Weizenmehl (Type 405)
2 Eier
½ Schnapsglas Öl

Für die Füllung:
2 Eier
250 g gemischtes Hackfleisch
200 g Kalbswurstbrät
1 Bund Petersilie
Salz, Pfeffer, Muskat
2 l Fleischbrühe
Schnittlauch

Das Mehl auf eine Arbeitsfläche geben und in der Mitte eine Mulde formen. Die restlichen Zutaten für den Nudelteig in die Vertiefung geben. Daraus knetet man einen festen Teig, den man, wenn er die richtige Konsistenz – nicht zu trocken und nicht zu klebrig – erreicht hat, in Frischhaltefolie 20–30 Minuten im Kühlschrank ruhen lässt.

Nachdem man die Eier für die Füllung gut verquirlt hat, vermischt man sie mit dem Hackfleisch und dem Brät. Die Petersilie fein schneiden und zu der Fleischmasse geben. Mit Salz, Pfeffer und Muskat würzen und gut vermischen.

Den Nudelteig auf einer leicht bemehlten Arbeitsplatte mit einem Nudelholz dünn auswellen und in Streifen schneiden. Die Füllmasse in kleinen Häufchen auf die untere Hälfte der Teigstreifen setzen, die obere Hälfte darüberklappen und an den Rändern festdrücken. Anschließend rund zehn Minuten in der Brühe köcheln. Den Schnittlauch darübergeben und servieren.

Gebrannte Grießsuppe mit Gemüseringen und Croûtons

FÜR 4 PERSONEN

Für die Suppe:
60 g Grieß
1 EL Weizenmehl (Type 405)
Pflanzenöl zum Anrösten
Salz, frisch gemahlener schwarzer Pfeffer
Muskatnuss, gerieben
frische Kräuter, fein gehackt

Für die Gemüseringe:
1 Karotte
1 Zwiebel

Für die Croûtons:
2 Scheiben Brot
Pflanzenöl zum Anbraten

Für die Suppe den Grieß und das Mehl mit dem Öl in einem großen Topf hellgelb anrösten, mit 1 ¼ l Wasser ablöschen und 30 Minuten lang durchkochen. Dann mit Salz, Pfeffer und Muskat abschmecken.

Für die Gemüseringe die Karotte putzen, schälen und mit einem Spiralschneider in lange Spiralen schneiden. Die Zwiebel abziehen und in Ringe schneiden. Beides in Öl knusprig braten.

Für die Croûtons das Brot in Würfel schneiden und in einer Pfanne mit dem Öl braun anbraten.

Die fertige Grießsuppe mit den Croûtons, den Gemüseringen und nach Belieben mit Kräutern garniert servieren.

Tipp:
Brennnesselblätter, Löwenzahn und einige weitere Wildkräuter können ganzjährig geerntet werden. Kresse, Schnittlauch, Petersilie, Basilikum, Rucola und Thymian kann man auch im Winter problemlos auf der heimischen Fensterbank kultivieren.

Herzhafte Flädlesuppe, der schwäbische Klassiker

FÜR 4 PERSONEN

Zutaten:
- 200 g Weizenmehl (Type 405)
- 250 ml Milch
- 3 Eier
- 1 TL Salz
- Butter oder Butterschmalz
- 2 l Fleisch- oder Gemüsebrühe
- fein geschnittener frischer Schnittlauch zum Garnieren

Zunächst gibt man das Mehl und die Milch in eine Schüssel und verrührt das Ganze zu einem glatten Teig, dann werden die Eier und das Salz zugegeben und der Teig nochmals gut verrührt.

Anschließend lässt man die Butter bzw. das Butterschmalz in einer sehr heißen Pfanne zergehen, gibt den Teig portionsweise in die Pfanne und bäckt daraus hauchdünne Flädle. Den Vorgang wiederholt man so lange, bis der Teig aufgebraucht ist.

Anschließend werden die fertigen Flädle aufgerollt, fein geschnitten und in die heiße Fleisch- oder Gemüsebrühe gegeben. Mit Schnittlauchröllchen bestreuen.

Alblinsensuppe
mit feinem Sahnehäubchen

FÜR 4 PERSONEN

Zutaten:
- 200 g Alblinsen
- 1 Zwiebel
- 50 g Butter
- 60 g Weizenmehl
- 1–1 ½ l Gemüsebrühe
- frisch gemahlener schwarzer Pfeffer, Salz
- 1–2 EL Essig
- 125 g Sahne, steif geschlagen
- frische Kräuter zum Garnieren

Die Alblinsen im Schnellkochtopf entsprechend den Herstellerangaben mit Wasser weich garen. Die weichen Linsen abtropfen lassen, dabei die abgetropfte Flüssigkeit auffangen und zur Seite stellen. Anschließend wird die Zwiebel abgezogen und gewürfelt. Dann in Butter anbraten, Mehl hinzugeben und gut anbräunen. Nach und nach mit dem warmen Linsenwasser und der warmen Gemüsebrühe unter ständigem Rühren ablöschen. Dabei wird peu à peu so lange Flüssigkeit nachgegossen, bis die gewünschte Konsistenz erreicht ist.

Die weichen Linsen hinzugeben, mit dem Pfeffer, dem Salz und dem Essig abschmecken. Vor dem Servieren erhält die Suppe eine Haube aus steif geschlagener Sahne und wird mit Kräutern garniert.

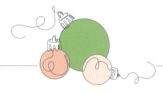

Gaisburger Marsch
mit herzhafter Einlage

FÜR 4 PERSONEN

Zutaten:
500 g Suppenfleisch
500 g Suppenknochen
5 Gelbe Rüben
1 Stange Lauch
500 g Kartoffeln

Salz, Pfeffer, Muskat
1–2 Zwiebeln
500 g Spätzle
Butter
Schnittlauch

Das Fleisch, die Knochen, die Gelben Rüben und das Gemüse in einen großen Topf mit etwa 2 l Wasser geben und 1 ½–2 Stunden köcheln lassen. Dann wird das Suppenfleisch herausgenommen und in nicht zu große Würfel geschnitten.

Die Kartoffeln waschen, schälen und in Schnitze schneiden. Anschließend in die Brühe geben und so lange garen lassen, bis sie weich sind. Die Brühe mit Salz, Pfeffer und Muskat würzen und das gewürfelte Suppenfleisch hinzugeben.

Zwischenzeitlich werden die Zwiebeln geschält, in Ringe zerkleinert und angebräunt, die Spätzle in Butter geschwenkt. Beides zum Eintopf geben. Vor dem Servieren nochmals abschmecken und mit fein geschnittenem Schnittlauch bestreuen.

Feiner Fischtopf
mit Fischfilets vom Bodensee

FÜR 4 PERSONEN

Zutaten:
300 g Fischreste (Schwänze, Köpfe, Gräten)
Salz
750 ml Weißwein
1 Zwiebel
1 Sellerie
1 Karotte
Butterschmalz zum Andünsten
800 g Filet vom Hecht, Saibling oder Zander
frischer Dill

Ausreichend Wasser erhitzen, die Fischreste und etwas Salz zugeben. Eine knappe halbe Stunde köcheln lassen. Dann den Weißwein beifügen. Das Ganze nochmals 10 Minuten köcheln lassen.

In der Zwischenzeit wird die Zwiebel geschält und fein geschnitten. Das Gemüse putzen und zerkleinern. Dann mit der Zwiebel in Butterschmalz andünsten. Den Fischsud abseihen und das Gemüse damit ablöschen. Etwa 10 Minuten köcheln lassen.

Die Fischfilets in mundgerechte Stücke schneiden und hinzufügen. 5–10 Minuten garen. Die Suppe mit Dill garnieren und mit Bauernbrot servieren.

Klassische Weihnachtsrezepte 19

Cremige Kartoffelsuppe
mit Laugencroûtons

FÜR 4 PERSONEN

Für die Suppe:
6 große Kartoffeln
1 Karotte
1 Sellerie
2 Zwiebeln
Butterschmalz
frischer Majoran oder Thymian

50–100 g Sahne
Pfeffer, Salz
4 Saitenwürstchen

Für die Croûtons:
Laugengebäck
frischer Schnittlauch zum Garnieren

Die Kartoffeln, die Karotte und den Sellerie waschen, schälen und in kleine Würfel schneiden. Die Zwiebeln schälen, klein schneiden und mit dem Butterschmalz gut anbraten. Das Gemüse hinzugeben, kurz scharf anbraten und dann mit Wasser ablöschen. Mehr Wasser zugeben, bis das Gemüse zwei Fingerbreit mit Wasser bedeckt ist. Köcheln lassen, dabei eventuell mehr Wasser hinzugeben, damit immer alles bedeckt bleibt. Sobald alles gar ist, den gehackten Majoran oder Thymian zugeben und alles pürieren. Die Sahne hinzugeben und mit Pfeffer und Salz abschmecken.

Die Saitenwürstchen in Wasser erhitzen, dann in kleine Stücke schneiden.

Das Laugengebäck in kleine Würfel schneiden und mit Butterschmalz anrösten. Die Suppe nochmals erwärmen und mit den Croûtons, den Würstchen und dem in Röllchen geschnittenen Schnittlauch anrichten.

Hochzeitssuppe
mit dreierlei Klößen

FÜR 4 PERSONEN

Für die Brühe:
500 g Siedfleisch
5 Gelbe Rüben
1 Sellerieknolle
¼ Kopf Weißkraut
1 Stange Lauch
3–4 Markknochen
Salz, Pfeffer
Muskatnuss, gerieben
evtl. etwas Instantbrühe
frischer Schnittlauch oder Petersilie
    zum Garnieren

Für die Grießklößle:
1 Ei
40 g Butter
60 g Grieß

Salz
Muskatnuss, gerieben

Für die Markklößle:
80 g Rindermark
50 g Butter
2 Eier
Salz, Pfeffer
Muskatnuss, gerieben
50 g Weckmehl

Für die Brätklößle:
200 g Brät vom Kalb
Salz, Pfeffer
1 Ei
etwas Weckmehl

Für die Brühe das Fleisch, das Gemüse und die Knochen in ca. 2 l Wasser aufkochen und 3–4 Stunden vor sich hinköcheln lassen. Die Knochen und das Siedfleisch entfernen. Die Brühe durch ein Sieb in einen anderen Topf gießen. Mit Salz, Pfeffer, Muskatnuss und bei Bedarf etwas Instantbrühe abschmecken.

Fortsetzung auf Seite 24 ...

Fortsetzung

Für die Grießklößle das Ei verquirlen und die Butter schaumig rühren. Beides mit dem Grieß, dem Salz und der Muskatnuss vermengen. Gut vermischen und eine Stunde ruhen lassen. Dann formt man mit einem kleinen Löffel Klößle aus der Masse und lässt diese 10 Minuten in der köchelnden Fleischbrühe ziehen.

Für die Markklößle wärmt man das Mark auf, bis es flüssig ist, lässt es etwas abkühlen, ehe es zuerst mit der Butter, dann mit den Eiern, den Gewürzen und dem Weckmehl so lange verrührt wird, bis eine feste Masse entstanden ist. Daraus formt man mit den Händen kleine Klößle, die man in der leicht siedenden Brühe etwa 10 Minuten ziehen lässt.

Für die Brätklößle das Kalbsbrät, die Gewürze und das Ei vermischen. Bei Bedarf etwas Weckmehl beifügen. Mit einem kleinen Löffel sticht man die Brätklößle ab und lässt sie in der heißen Brühe ziehen.

Die Suppe mit frisch geschnittenem Schnittlauch oder Petersilie servieren.

Petersilienwurzelsuppe
mit gerösteten Kürbiskernen

FÜR 4 PERSONEN

Zutaten:
- 1 Zwiebel
- 200 g mehligkochende Kartoffeln
- 500 g Petersilienwurzel
- 2 EL Pflanzenöl
- etwas trockener Weißwein zum Ablöschen
- 750 ml Gemüsebrühe
- 1 Lorbeerblatt
- 1 TL frischer Thymian
- 200 ml Hafermilch
- Salz, frisch gemahlener schwarzer Pfeffer
- Muskatnuss, gerieben
- 4 EL Kürbiskerne
- 2–3 EL Kürbiskernöl zum Garnieren

Zunächst die Zwiebel abziehen und fein würfeln. Dann die Kartoffeln und die Pertersilienwurzeln schälen und grob würfeln. In einem Topf 1 EL Öl erhitzen und die Zwiebel darin glasig anschwitzen. Anschließend die Kartoffeln und die Petersilienwurzeln dazugeben und kurz mit anbraten. Mit Weißwein ablöschen und kurz einkochen lassen. Die Gemüsebrühe und das Lorbeerblatt hinzugeben, das Ganze aufkochen und abgedeckt bei kleiner Hitze 15–20 Minuten kochen lassen. Danach das Lorbeerblatt entfernen, den gehackten Thymian und die Hafermilch hinzugeben, die Suppe fein pürieren und mit den Gewürzen abschmecken.

Die Kürbiskerne mit etwas Salz und Öl in einer Pfanne anrösten. Die heiße Suppe mit den Kürbiskernen bestreuen und etwas Kürbiskernöl darüberträufeln.

Tipp:
Schmeckt auch mit Pastinaken.

Selbst gemachte Riebele
in Gemüsebrühe

FÜR 4 PERSONEN

Zutaten:
250 g Weizenmehl (Type 405)
2–3 Eier
Salz
Muskatnuss, gerieben
1 ½ l Gemüsebrühe
Schnittlauchröllchen

Aus dem Mehl, den Eiern, dem Salz und Muskatnuss einen festen Teig kneten. Diesen etwas ruhen lassen, dann mit den Händen flach drücken. Danach den festen Teig in erbsengroße Stückchen zerkleinern, entweder durch Kleinhacken mit einem Messer oder mithilfe eines Riebeleeisens oder einer groben Gemüsereibe. Dabei nur in eine Richtung reiben.

Die Gemüsebrühe erhitzen, die Riebele einstreuen und etwa 10 Minuten ziehen lassen. Mit Schnittlauchröllchen bestreuen und servieren.

Mürbteigkörbchen mit Schinken und buntem Salat

FÜR 4 PERSONEN

Zutaten:
150 g kalte Butter
250 g Weizenmehl (Type 405)
2 TL Backpulver
1 Prise Salz
2 Eier
Fett für die Backförmchen
getrocknete Kichererbsen zum Vorbacken
100 g Rucola
100 g Eisbergsalat
12 Kirschtomaten
150 g (geräucherter) Schwarzwälder Schinken
30 g Sonnenblumenkerne
5 EL Balsamico
5 EL Sonnenblumenöl
frisch gemahlener schwarzer Pfeffer, Salz

Für die Körbchen die kalte Butter in kleine Stücke schneiden und mit dem Mehl, dem Backpulver, dem Salz und den Eiern zügig zu einem glatten Teig kneten. Eine Kugel formen, diese platt drücken und in Frischhaltefolie 30 Minuten im Kühlschrank lagern. Den Backofen auf 200 °C (Ober-/Unterhitze) vorheizen. Den Teig auf einer bemehlten Fläche ausrollen und 6 oder mehr Kreise ausstechen. Den Teig in die gefetteten Backförmchen setzen und mit Kichererbsen füllen. Im Backofen etwa 20 Minuten backen, abkühlen lassen, die Kichererbsen entfernen und die Körbchen vorsichtig aus den Förmchen lösen.

Für den Salat den Rucola, den Eisbergsalat und die Tomaten waschen, trocknen und klein schneiden. Den Schinken in dünne Streifen schneiden und alles zusammen mit den Sonnenblumenkernen auf die Körbchen verteilen. Den Balsamico, das Öl, den Pfeffer und das Salz vermengen und über die Füllung geben.

Klassische Weihnachtsrezepte 31

Fellbacher Flecka
mit Speckwürfeln und Lauch

FÜR 6 STÜCK

Zutaten:

21 g frische Hefe (½ Würfel)
250 ml lauwarme Milch
500 g Weizenmehl (Type 405)
½ TL Salz
100 g weiche Butter
250 g Lauch
2 EL Öl
2 Eier
100 g Speckwürfel
300 g Crème fraîche
Salz, frisch gemahlener schwarzer Pfeffer
nach Belieben etwas gemahlener Kümmelsamen

Für den Teig die Hefe mit der Milch glatt rühren. Mit den übrigen Zutaten zu einem glatten Teig verarbeiten und diesen an einem warmen Ort abgedeckt ruhen lassen, bis er zur doppelten Höhe aufgegangen ist (etwa 30 Minuten). Dann in 6 Stücke teilen und diese nochmals gehen lassen.

Für den Belag den Lauch waschen, abtrocknen und in Ringe schneiden. In einer Pfanne mit etwas Öl anbraten. Abkühlen lassen. Die Eier, den Speck und die Crème fraîche vermengen und würzen. Den kalten Lauch hinzugeben und alles gut vermengen.

Die Teigstücke rund auswellen, den Belag gleichmäßig darauf verteilen und bei 230 °C (Ober-/Unterhitze) in 15–20 Minuten knusprig backen.

Hierzu passt hervorragend ein Rote-Bete-Salat.

Forellencreme-Pralinen
im Blätterteigversteck

FÜR 20 PRALINEN

Zutaten:
150 g Forellenfilets ohne Haut, ohne Gräten
125 g Frischkäse
1 EL fein gehackter Dill
1 EL Meerrettich
1 Tupfer mittelscharfer Senf
etwas Limettensaft
Salz, frisch gemahlener schwarzer Pfeffer
1 Packung Blätterteig

Die Forellenfilets waschen, abtupfen und gut zerkleinern. In eine Schüssel geben, mit einer Gabel zerdrücken und mit dem Frischkäse, dem Dill, dem Meerrettich, dem Senf und dem Limettensaft gut vermengen. Die Masse zu einer geschmeidigen Creme verrühren. Mit Salz und Pfeffer würzen. Daraus mithilfe von 2 kleinen Löffeln 20 Pralinen formen. Mit Frischhaltefolie abdecken und beiseitestellen. Den Backofen auf 170 °C (Ober-/Unterhitze) vorheizen.

Den Blätterteig in 20 Quadrate aufteilen. Jeweils eine Praline pro Quadrat in der Mitte platzieren. Die vier Ecken nach oben zusammenführen, gut zusammendrücken und miteinander verdrillen.

Ein Backblech mit Backpapier auslegen, die Blätterteigsäckchen auf das Blech setzen und etwa 15 Minuten im Ofen backen. Dazu passt Gurken- oder Zucchinisalat.

Klassische Weihnachtsrezepte 35

Rote-Bete-Küchle
mit zweierlei Ziegenkäse

FÜR 4 PERSONEN

Zutaten:
4 große Rote Beten
50 g Ziegenschnittkäse
200 g Ziegencamembert

4 EL Olivenöl
4 EL Sonnenblumenkerne
frisch gemahlener schwarzer Pfeffer, Salz
2 EL Essig

Die Roten Beten waschen, putzen und in Wasser weich kochen. Den Backofen auf 180 °C (Ober-/Unterhitze) vorheizen, den Ziegenschnittkäse reiben und den Ziegencamembert in rund 1 cm dicke Scheiben schneiden.

Die gekochten roten Rüben etwas abkühlen lassen, schälen und in etwa 1 cm dicke Scheiben schneiden. In einer gefetteten Auflaufform kleine »Küchle« aufschichten: ganz unten eine Scheibe Rote Bete, darauf eine Scheibe Ziegencamembert, der wiederum mit einer Rübenscheibe bedeckt wird. Zum Schluss den geriebenen Ziegenschnittkäse darüberstreuen, mit etwas Öl beträufeln und rund 10 Minuten im vorgeheizten Ofen backen.

In der Zwischenzeit die Sonnenblumenkerne rösten und in einer Schüssel das Salz, den Pfeffer, den Essig und das restliche Olivenöl zu einem Dressing vermischen. Vor dem Servieren auf jedes Küchle Sonnenblumenkerne und Dressing geben.

Klassische Weihnachtsrezepte 37

Hauptgerichte

Weihnachtskarpfen im Ofen gebacken

FÜR 4 PERSONEN

Zutaten:
1 küchenfertiger Karpfen (ca. 1,5 kg)
Salz, Pfeffer
2 Zitronen
4 Gelbe Rüben
2 Pastinaken
2 Petersilienwurzeln
2 Knoblauchzehen
100 g Butterflöckchen
150 ml trockener Weißwein
5 EL Olivenöl
ein paar Kirschtomaten zum Garnieren

Den Karpfen unter fließendem kaltem Wasser vorsichtig abwaschen und mit Küchenpapier trocken tupfen. Innen und außen mit Salz und Pfeffer würzen. Die Zitronen in Scheiben schneiden und die Hälfte davon in den Karpfen legen.

Den Backofen auf 190 °C (Ober-/Unterhitze) vorheizen.

Das Gemüse und den Knoblauch putzen und schälen und in etwa 1 cm große Würfel schneiden.

Die Hälfte der Butterflöckchen auf ein Backblech mit hohem Rand geben, den Karpfen darauflegen und das Gemüse um den Fisch verteilen. Die restlichen Butterflocken, den Weißwein und das Olivenöl darübergeben und mit Salz und Pfeffer würzen.

Rund 50 Minuten backen. Dabei den Karpfen etwa alle 10 Minuten mit dem entstandenen Weißweinsud übergießen.

Vor dem Servieren mit den restlichen Zitronenscheiben, eventuell verschiedenen Kräutern und ein paar Tomätchen garnieren.

Schwäbischer Kartoffelsalat
mit Saitenwürstchen

FÜR 4 PERSONEN

Zutaten:
1 kg Kartoffeln
2 Zwiebeln
500 ml kräftig gewürzte Fleisch- oder Hühnerbrühe
1–2 EL Essig
1–2 EL Salatöl
Salz, Pfeffer, Senf
4 Paar Saitenwürstchen

Die Kartoffeln mit der Schale in einem Topf Wasser weich kochen, schälen, in dünne Rädchen schneiden und mit den fein gehackten Zwiebeln in eine große Schüssel geben.

Gut die Hälfte der warmen Brühe darübergießen, mischen und rund 10 Minuten ziehen lassen.

Nun ist Fingerspitzengefühl gefragt: Der Salat soll zwar schön feucht sein, aber die Kartoffelrädle sollten nicht in der Brühe ersäuft werden. Daher gießt man so oft von der warmen Brühe nach, bis man die gewünschte »Schmatzigkeit« erreicht hat. Dabei braucht man nicht zwangsläufig die ganze Brühe. Je nach Geschmack und Kartoffelsorte können auch weniger als 500 ml genügen.

Anschließend den Essig und das Salatöl zugeben, wobei man Letzteres nach dem Fettgehalt der Brühe dosieren sollte. Dann mit Salz, Pfeffer und etwas Senf abschmecken und mit den Saitenwürstchen warm servieren.

Saftige Rinderrouladen mit Pinienkernen

FÜR 4 PERSONEN

Zutaten:
1 Bund frische Petersilie
1 Zwiebel
50 g geräucherter Speck
4 Rinderrouladen
etwas Senf
100 g Pinienkerne

etwas Mehl
1 EL Butter
250 ml Rinder- oder Gemüsefond
50 ml Rotwein
evtl. Speisestärke
Salz, Pfeffer

Die Petersilie und die Zwiebel fein schneiden, den Räucherspeck würfeln. Dann die Rouladen dünn mit Senf bestreichen und darauf die Zwiebelchen, die Petersilie, den Speck und die Pinienkerne verteilen. Anschließend werden die gefüllten Rouladen aufgerollt und mit Zahnstochern, Rouladennadeln oder Bratschnur fixiert.

In Mehl wenden und in einem Bräter mit der Butter scharf anbraten. Mit dem Fond und dem Rotwein ablöschen. Dann die Rouladen im Backofen bei 180 °C (Ober-/Unterhitze) weich garen lassen. Die Sauce nach Belieben mit etwas Speisestärke binden. Mit Salz und Pfeffer abschmecken.

Tipp:
Es empfiehlt sich, die Rouladennadeln kurz in Öl zu tauchen, damit sie sich vor dem Verzehr leichter entfernen lassen.

Gänsekeule mit Rotkraut und Kartoffelknödeln

FÜR 4 PERSONEN

Für die Gänsekeulen:
4 Gänsekeulen
Salz, Pfeffer
2 Gelbe Rüben
½ Sellerie
4 Zwiebeln
150 ml Sonnenblumenöl
Tomatenmark
700 ml trockener Rotwein
2 TL Beifuß oder Majoran
2 Lorbeerblätter
50 ml Rotwein

Für das Rotkraut:
500 g Rotkraut
½ Zwiebel
1 Apfel
3 EL Butterschmalz
1 gehäufter TL Zucker
1 TL Apfelessig
125 ml Apfelsaft
1 Lorbeerblatt
Salz, Pfeffer

Für die Kartoffelknödel:
1 kg Kartoffeln
100 g Weizenmehl (Type 405)
Salz
Muskatnuss, gerieben
2 Eier

Die Gänsekeulen rundum salzen und pfeffern. Die Karotten, den Sellerie und die Zwiebeln schälen und in etwa 1 cm große Würfelchen schneiden.

Die Hälfte des Sonnenblumenöls in einem Bräter erhitzen und die Gänsekeulen rundherum kräftig anbraten, dann herausnehmen und beiseitestellen.

Das gewürfelte Gemüse im restlichen Öl einige Minuten bei mittlerer Hitze dünsten, das Tomatenmark beifügen und nochmals kurz anrösten. Mit dem Rotwein ablöschen, reduzieren und die Gänsekeulen wieder in den Bräter geben. Etwas Wasser hinzufügen.

Den Beifuß bzw. Majoran und die Lorbeerblätter beigeben, mit einer Prise Salz abschmecken und zugedeckt knapp zwei Stunden schmoren lassen. Zwischendurch ggf. das überflüssige Fett abschöpfen.

Fortsetzung auf Seite 48 ...

Fortsetzung

Die Keulen aus dem Bräter nehmen und im auf 220 °C (Ober-/Unterhitze) vorgeheizten Backofen rund 10 Minuten knusprig braten.

Die Lorbeerblätter aus dem Bräter entfernen und das Gemüse mit einem Stabmixer pürieren. Die Sauce aufkochen, mit Salz, Pfeffer und dem restlichen Rotwein abschmecken.

Für das Rotkraut den Rotkohl vom Strunk befreien und fein schneiden oder hobeln. Die Zwiebel und den Apfel schälen und zerkleinern. Anschließend erhitzt man das Butterschmalz in einem Bräter und dünstet die Zwiebel kurz darin an. Dann die Apfelstückchen und den Zucker beifügen und 5 Minuten köcheln lassen.

Das Rotkraut und den Apfelessig zugeben und im geschlossenen Topf nochmals 10 Minuten köcheln lassen. Den Apfelsaft und das Lorbeerblatt beifügen, mit Salz und Pfeffer würzen und 35 Minuten dünsten.

Vor dem Servieren das Lorbeerblatt entfernen und nochmals mit Salz und Pfeffer abschmecken.

Für die Knödel die Kartoffeln waschen, schälen und zerkleinern und in reichlich Salzwasser weich kochen. Anschließend drückt man die gekochten Kartoffeln durch eine Kartoffelpresse und lässt sie abkühlen.

Die ausgekühlte Kartoffelmasse mit dem Mehl, Salz, Muskat und den Eiern vermengen und gut durchmischen.

Wasser aufkochen. Mit nassen Händen aus dem Kartoffelteig Knödel formen und je nach Größe 15–20 Minuten ziehen lassen.

Hohenloher Blootz
mit Rote Bete und Bohnen

FÜR 4 PERSONEN

Für den Teig:
20 g Hefe
1 Prise Zucker
500 g Weizenmehl (Type 405)
1 TL Salz

Für den Belag:
200 g grüne Bohnen
200 g gegarte Rote Bete
300 g Sauerrahm
1 Ei
1 TL Salz, frisch gemahlener schwarzer Pfeffer

Die Hefe mit einer Prise Zucker in etwas Wasser auflösen und glatt rühren. Zusammen mit dem Mehl, Salz und 250–300 ml Wasser zu einem glatten Teig kneten. Diesen für etwa 30 Minuten an einem warmen Ort gehen lassen.

Anschließend die grünen Bohnen waschen, putzen und in etwa 5 cm lange Stücke schneiden. Kurz in kochendem Wasser blanchieren, dann mit kaltem Wasser abschrecken und zur Seite stellen. Den Sauerrahm mit dem Ei verrühren, mit Pfeffer und Salz würzen und kalt stellen.

Backofen auf 220 °C (Ober-/Unterhitze) vorheizen. Vom aufgegangenen Hefeteig kleine Stücke abschneiden und auf einer bemehlten Unterlage länglich oval auswellen. Nun die Blootz mit dem Sauerrahm bestreichen und mit Roter Bete und den grünen Bohnen belegen. Die belegten Blootz etwa 15 Minuten backen, bis der Rand des Teigs hellbraun ist.

Dazu passt Tomaten- oder Karottensalat.

Klassische Weihnachtsrezepte 51

Vegane Flädlesäckle
mit Gemüsefüllung

FÜR 4 PERSONEN

Für die Flädle:
250 g Weizenmehl (Type 405)
2 EL Sojamehl, mit etwas Wasser verrührt
100 ml Mineralwasser
1 Päckchen Backpulver
500 ml Pflanzenmilch
1 TL Salz
Pflanzenöl zum Ausbacken

Für Füllung und Beilage:
300 g Champignons
1 rote Paprikaschote
1 Aubergine
1 Zucchini
1 Zwiebel
1–2 Knoblauchzehen
Olivenöl
frisch gemahlener schwarzer Pfeffer, Salz
frischer Thymian, gehackt
300 g geriebener Käseersatz
Schnittlauch zum Binden (alternativ Küchengarn)
einige Cocktailtomaten

Für die Flädle das Weizenmehl, das aufgelöste Sojamehl, das Mineralwasser, das Backpulver, die Pflanzenmilch und das Salz in eine Schüssel geben und mit einem Schneebesen schlagen, bis ein glatter Teig entsteht. Dieser sollte relativ flüssig sein, um dünne Flädle zu erhalten. Anschließend die Flädle in einer kleinen Pfanne mit Öl ausbacken und zur Seite stellen.

Für die Füllung und die Beilage die Pilze säubern und klein schneiden. Die Paprikaschote waschen, den Stiel und die Kerne entfernen und die Paprika in kleine Würfel schneiden. Die Zwiebel und den Knoblauch abziehen, klein schneiden und in einer Pfanne mit Olivenöl anbraten. Die Pilze, die Zucchini, die Aubergine und die Paprika hinzugeben und gut anbraten. Mit Pfeffer, Salz und dem Thymian abschmecken.

Einen Teil der Füllung auf die einzelnen Flädle platzieren und mit dem Käseersatz bestreuen. Die Flädle dann zu säckchenartigen Päckchen formen und mit Schnittlauch zusammenbinden. Die fertigen Flädlesäckle im vorgewärmten Backofen gut erwärmen und dann zusammen mit dem restlichen Gemüse servieren. Mit ein paar Tomätchen garnieren.

Klassische Weihnachtsrezepte 53

Filets vom Bodenseefelchen in Rieslingsauce

FÜR 4 PERSONEN

Zutaten:
- 2 Schalotten
- 40 g Butter
- 1 EL Weizenmehl (Type 405)
- 250 ml Gemüsebrühe
- 400 ml Riesling
- 80 g süße Sahne
- frischer Kerbel
- frischer Dill
- 1 Prise Zucker
- frisch gemahlener schwarzer Pfeffer, Salz
- 1 EL Olivenöl
- 8 Filets vom Bodenseefelchen

Für die Rieslingsauce werden die Schalotten geschält und fein gewürfelt. Dann brät man sie mit der Butter in einem Topf an, bis sie glasig sind. Anschließend werden sie mit Mehl bestäubt und sanft angebräunt. Mit einem Teil der warmen Gemüsebrühe ablöschen und glatt rühren, in der Folge die restliche Brühe nach und nach zugeben. Dann fügt man den Riesling hinzu und lässt ihn kurz aufkochen. Die Sahne beifügen und nochmals kurz aufkochen lassen. Anschließend die Temperatur langsam etwas reduzieren. Die Kräuter waschen, klein hacken und in die Sauce geben. Vor dem Servieren mit Zucker, Pfeffer und Salz abschmecken.

Dann die Fischfilets waschen und trocken tupfen. Dabei die eventuell noch vorhandenen Gräten entfernen. Mit Salz und Pfeffer würzen. Nachdem man die Bodenseefelchenfilets in einer Pfanne mit dem Öl kurz gut angebraten hat, lässt man sie in der Sauce fertig garen.

Beschwipste Honauforelle
aus dem Backofen

FÜR 4 PERSONEN

Zutaten:
4 ausgenommene frische Forellen
Salz, Pfeffer
frischer Thymian
650 ml Gemüsebrühe
350 ml Weißwein

Den Backofen auf 200 °C (Ober-/Unterhitze) vorheizen. Die küchenfertigen Forellen waschen, innen mit Salz und Pfeffer würzen und mit ein paar Thymianzweigen füllen. Dann gibt man die Forellen in eine tiefe Auflaufform. Mit der Gemüsebrühe und dem Weißwein aufgießen, bis die Forellen ganz bedeckt sind. Im vorgeheizten Backofen 20–25 Minuten garen, wobei die Dauer je nach Backofenart etwas variieren kann.

Man kann die beschwipsten Honauforellen durchaus ohne Beilage verzehren, wer jedoch nicht darauf verzichten möchte, wählt entweder Dillkartoffeln oder frisches Bauernbrot.

Gefüllte Dampfnudeln auf Pilzragout

FÜR 4 PERSONEN

Für die Dampfnudeln:
20 g Hefe
250 ml lauwarme Hafermilch
1 Prise Zucker
500 g Weizenmehl (Type 405)
1 TL Salz
100 g flüssige Margarine

Zum Garen pro Topf:
150 ml Hafermilch (alternativ Wasser)
¼ TL Salz
1 nussgroßes Stück Margarine

Für die Füllung:
4 EL zerkleinerte Walnüsse
1 große Zwiebel, fein gewürfelt
Olivenöl
frischer Thymian, fein gehackt
Salz, frisch gemahlener schwarzer Pfeffer

Für das Pilzragout:
500 g Pilze
1 Zwiebel
Fett zum Anbraten
1 gehäufter TL frischer Rosmarin, gehackt
veganer Sahneersatz
Salz, frisch gemahlener schwarzer Pfeffer

Für die Dampfnudeln Hefe mit Hafermilch und Zucker glatt rühren. Mehl, Salz und Margarine zufügen und alles zu einem glatten Teig verarbeiten, bis er Blasen wirft und sich leicht von der Schüssel löst. Den Teig abgedeckt an einem warmen Ort gehen lassen, bis sich das Volumen verdoppelt hat. Anschließend 12–16 Kugeln formen und auf einem bemehlten Brett nochmals kurz gehen lassen.

Zum Garen in zwei niedrigen Töpfen (Ø 22 cm) Hafermilch mit Margarine und Salz zum Kochen bringen. Die Teiglinge dicht an dicht in die Töpfe setzen. Abgedeckt etwa 20 Minuten köcheln lassen. Die Dampfnudeln sind fertig, wenn die Flüssigkeit eingekocht ist und der Duft der sich bildenden Kruste nach außen dringt. Solange das Brodeln der Flüssigkeit zu hören ist, den Deckel nicht öffnen.

Für die Füllung Walnüsse und Zwiebel in Olivenöl kurz andünsten, Thymian hinzufügen und mit Salz und Pfeffer abschmecken. Die Nudeln wie Brötchen aufschneiden und die Füllung darauf verteilen.

Für das Pilzragout die Pilze säubern und in feine Scheiben schneiden. Die Zwiebeln abziehen, klein schneiden und mit Fett anbraten. Pilze und Rosmarin zugeben und weiterbraten. Mit veganem Sahneersatz ablöschen, etwas reduzieren lassen und mit Salz und Pfeffer abschmecken.

Lammkeule vom Alblamm
mit Pflaumen gefüllt

FÜR 4 PERSONEN

Zutaten:
8 Backpflaumen
Knoblauch
frischer Rosmarin und Thymian
1 unbehandelte Zitrone
4 Lammrückenfilets à 250 g
Salz, gemahlener schwarzer Pfeffer

etwas Mehl
Öl zum Anbraten
1 Zwiebel
250 ml Lammfond (alternativ Gemüsefond)
50 ml Rotwein
100 g Sahne

Die Backpflaumen und den Knoblauch klein schneiden, den Rosmarin und den Thymian fein hacken, die Zitronenschale abreiben. Die Lammrückenfilets seitlich aufschneiden (nicht durchschneiden), salzen, pfeffern, dann mit den Backpflaumen, dem Knoblauch, einem Teil der Kräuter und dem Zitronenabrieb füllen.

Die Lammrücken zusammenklappen und mit Spießen oder Schnur fixieren. In Mehl wenden und in einem Bräter kurz scharf anbraten. Das Fleisch entnehmen und im Backofen warm stellen. Im Bräter die klein geschnittene Zwiebel anbraten und mit Lamm- oder Gemüsefond ablöschen. Den Rest gehackten Rosmarin und Thymian zufügen, Rotwein und Sahne zugeben, dann reduzieren. Nach Belieben mit Zitronensaft, Salz und Pfeffer abschmecken. Das Fleisch wieder hinzugeben und fertig garen. Als Beilage eignen sich Spätzle.

Eingelegter Mostbraten
mit sämiger Gemüsesauce

FÜR 4 PERSONEN

Zutaten:
1 Karotte
1 Stück Lauch
1 Stück Sellerieknolle
1 Zwiebel
1 Apfel
1 kg Ochsenbraten
2–3 Nelken

1 Lorbeerblatt
Wacholderbeeren
Pfefferkörner, Salz
Saft von ½ Zitrone
1 ½ l Most
Fett zum Anbraten
Tomatenmark
evtl. Mondamin zum Andicken der Sauce

Das Wurzelgemüse waschen und in 2 cm große Stücke schneiden. Den Apfel waschen, vierteln und das Kerngehäuse entfernen. Das Fleisch, das Gemüse, den Apfel, die Gewürze und den Zitronensaft zusammen mit dem Most in einen verschließbaren Topf geben. Das Fleisch muss dabei von allen Seiten mit Flüssigkeit bedeckt sein. 3–4 Tage an einem kühlen Ort ziehen lassen, dabei das Fleisch immer wieder wenden.

Für den Mostbraten das Fleisch aus der Beize nehmen und trocken tupfen. Gemüse und Beize abseihen und beiseitestellen. Das Fleisch in einem Bräter von allen Seiten kräftig anbräunen. Aus dem Bräter nehmen und das Gemüse aus der Beize im Bräter ebenfalls gut anbräunen, etwas Tomatenmark hinzugeben und mit etwas Beize ablöschen. Das Fleisch wieder hinzugeben und 2–2 ½ Stunden bei niedriger Temperatur schmoren (nicht kochen!), bis es gar ist. Für die Sauce das Gemüse durch ein Sieb streichen, mit Salz und Pfeffer abschmecken und evtl. mit Mondamin eindicken.

Mit verschiedenen Gemüsesorten anrichten.

Klassische Weihnachtsrezepte 63

Stuttgarter Leberkäse im Meerrettich-Senf-Mantel

FÜR 4 PERSONEN

Zutaten:

- 300 g Rindfleisch (Schulter)
- 300 g Schweinefleisch (Schulter)
- 300 g Schweinebauch
- 200 g Schweineleber
- 200 g zerstoßenes Eis
- 1 kleine Zwiebel
- 20 g Pökelsalz
- 1 Prise Kardamomsamen
- 1 TL abgeriebene Schale einer unbehandelten Zitrone
- 1 TL Piment
- 1 Prise gemahlene Muskatblüte
- 1 Msp. getrockneter Majoran
- 1 TL gemahlener Pfeffer
- evtl. 1 Ei
- ca. 150 g Senf
- ca. 150 g Sahnemeerrettich

Die Fleischstücke klein schneiden und im Gefrierfach anfrieren lassen. In einer Küchenmaschine mit dem Messereinsatz zerkleinern, bis eine sehr feine Masse entsteht. Die Masse sollte nicht wärmer als 12 °C werden, daher immer wieder etwas Eis hinzugeben. Die Zwiebel schälen und in feine Würfel schneiden. Zusammen mit den restlichen Zutaten zur Masse geben und unter weiterer Zugabe von Eis die Zutaten gut untermischen. Eventuell ein Ei zur besseren Bindung hinzugeben. Die Masse in eine geölte Form geben und bei 150 °C (Ober-/Unterhitze) etwa 90 Minuten im Ofen backen.

Senf und Sahnemeerrettich miteinander vermischen und ca. 20 Minuten vor Ende der Backzeit auf der Oberfläche des Leberkäses verteilen und diesen dann fertig backen.

Dazu passt schwäbischer Kartoffelsalat.

Krustenbraten in Biersauce

FÜR 4 PERSONEN

Zutaten:
750 g Schweinebraten mit Schwarte
   (möglichst vom Hällischen Landschwein)
Butterschmalz
Pfeffer, Salz
2 EL Honig

3 Markknochen vom Rind
500 ml Fleischbrühe
500 ml Bier
Mehlschwitze
Paprikapulver

Den Backofen auf 160 °C (Ober-/Unterhitze) vorheizen. Mit einem sehr scharfen Messer 1–2 cm große Rauten in die Speckschwarte schneiden. Dabei sollte man darauf achten, die Fettschicht nur anzuritzen und nicht ins Fleisch zu schneiden, da der Braten sonst schnell zäh werden könnte.

Anschließend wird der Braten von allen Seiten mit Ausnahme der Schwarte in Butterschmalz scharf angebraten, dann mit etwas Pfeffer und Salz gewürzt. Den Braten mit der Schwarte nach oben in den vorgeheizten Backofen geben und etwa 2 Stunden garen lassen. Mithilfe eines Fleischthermometers, das in die Mitte des Bratens gesteckt wird, lässt sich die optimale Garzeit ermitteln. Wenn das Thermometer 60–70 °C anzeigt, ist das Fleisch durch und schön saftig.

30–45 Minuten vor dem Ende der Garzeit pinselt man die Schwarte mit dem Honig ein, damit sie schön knusprig wird. Ansonsten sollte die Schwarte nicht befeuchtet werden, damit sie keine lätschige, also zu weiche Konsistenz annimmt.

Während des Garvorgangs schöpft man zwischendurch gelegentlich die ausgetretene Bratenflüssigkeit ab, um sie später der Sauce beizufügen.

Für die Sauce werden die Rinderknochen etwa 5 Minuten lang in Butterschmalz scharf angebraten, danach mit der Fleischbrühe, dem Bier und der Bratenflüssigkeit abgelöscht, wobei sich, je nachdem, welche Biersorte man wählt, unterschiedliche Geschmacksvarianten ergeben.

Nachdem die Sauce etwa 45 Minuten geköchelt hat, wird sie wenige Minuten vor dem Servieren mit Mehlschwitze gebunden und mit Salz, Pfeffer und Paprikapulver abgeschmeckt. Dazu passen Rotkraut und Kartoffelbrei.

Rinderleber mit Kartoffelbrei und Röstzwiebeln

FÜR 4 PERSONEN

Für den Kartoffelbrei:
1 kg Kartoffeln
500 ml Milch
Muskatnuss, gerieben

Für die Röstzwiebeln:
4–6 Zwiebeln
etwas Fett zum Anbraten

Für die Leber:
500–600 g Rinderleber
1 Teller Milch
1 Teller Mehl
etwas Fett zum Anbraten
Salz

Für den Kartoffelbrei die Kartoffeln kochen und, solange sie noch heiß sind, schälen. Währenddessen die Milch in einem Topf erwärmen. Anschließend drückt man die heißen Kartoffeln durch eine Kartoffelpresse oder einen Spätzleschwob in den Topf mit der warmen Milch.

Bei kleiner Flamme mit dem Schneebesen kräftig verrühren, anschließend mit etwas Muskat abschmecken und bei 80–90 °C im vorgeheizten Backofen warm stellen.

Für die Röstzwiebeln 4–6 Zwiebeln abziehen, in schmale Ringe schneiden und in der Pfanne goldbraun rösten, dann zusammen mit dem Kartoffelbrei im Backofen warm halten.

Für die Leber wendet man die gehäuteten Leberscheiben zuerst in der Milch, dann im Mehl. Anschließend werden sie in der Pfanne in heißem Fett angebraten. Das dauert – je nach Dicke der Leberscheiben – ungefähr 6 Minuten. Sobald beim Einritzen mit dem Messer kein roter Saft mehr herausläuft, ist die Leber gar.

Die Leber salzen und sofort mit dem Kartoffelbrei und den Röstzwiebeln servieren. Dazu passen angebratene Äpfel.

Weihnachtsbäckerei und Süßes

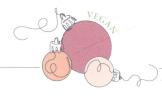

Apfelküchle
mit Zimteis und Walnüssen

FÜR 4 PERSONEN

Für das Zimteis:
270 g Cashewkerne
400 ml Hafermilch
100 g Zucker
2–3 TL Zimt

Für die Apfelküchle:
250 g Weizenmehl (Type 405)
100 g Zucker
1 Prise Salz
1 TL Backpulver
30 ml Sonnenblumenöl
250 ml Mandelmilch
3 große Äpfel
Sonnenblumenöl zum Braten
gemahlener Zimt
Zucker
1 Päckchen Vanillezucker

Für die karamellisierten Walnüsse:
100 g Zucker
150 g geschälte Walnüsse

Für das Zimteis die Cashewkerne in eine Schüssel geben, mit heißem Wasser übergießen und 1 Stunde einweichen lassen. Danach abgießen und abtropfen lassen. Die Cashewkerne mit der Hafermilch, dem Zucker und dem Zimt im Mixer pürieren, bis die Masse richtig glatt ist. Dann in die Eismaschine geben und daraus Speiseeis fertigen.

Für die Apfelküchle das Mehl, den Zucker, das Salz und das Backpulver in einer Schüssel gut vermischen. Das Öl und die Mandelmilch hinzugeben, bis der Teig die Konsistenz von Pfannkuchenteig hat. Die Äpfel schälen und die Kerngehäuse entfernen, ohne die Äpfel zu zerteilen. Die Äpfel in 1 cm dicke Scheiben schneiden. Einzelne Scheiben kurz in den Teig legen, sofort im heißen Öl von beiden Seiten goldbraun anbraten, auf Küchenpapier abtropfen lassen und warm stellen.

Für die karamellisierten Walnüsse 100 ml Wasser mit Zucker aufkochen, bis der Zucker anfängt leicht zu bräunen. Die Walnüsse dazugeben, die Hitze reduzieren und die Walnusshälften unter ständigem Rühren im Karamell wälzen, bis sich ein schöner Karamellüberzug gebildet hat.

Die warmen Apfelküchle zuletzt noch in einer Mischung aus Zimt, Zucker und Vanillezucker wenden und zusammen mit dem Eis und den karamellisierten Walnusskernen servieren.

Kirschcreme im Glas
nach Schwarzwälder Art

FÜR 4 PERSONEN

Zutaten:

- 1 schwach gehäufter TL gemahlene Gelatine, weiß
- 500 ml Milch
- 1 Päckchen Vanillepudding-Pulver
- 5 EL kalte Milch
- 1 ½ EL Kirschwasser
- 125 g Sahne
- 185 g entsteinte Sauerkirschen aus dem Glas
- geraspelte Schokolade
- 75 g Zucker
- ½ Päckchen Vanillezucker

Zunächst rührt man die Gelatine mit 2 EL kaltem Wasser in einem kleinen Topf an. Dann lässt man das Gemisch 10 Minuten zum Quellen stehen. Zwischenzeitlich bringt man 500 ml Milch zum Kochen.

Das Puddingpulver und den Zucker mischen, mit 5 EL kalter Milch anrühren und dann unter Rühren in die von der Kochstelle genommene warme Milch geben. Das Ganze kurz aufkochen lassen.

Dann die gequollene Gelatine dazugeben und so lange rühren, bis sie sich aufgelöst hat. Den Pudding kalt stellen und ab und zu durchrühren. Das Kirschwasser unter den erkalteten, aber noch nicht fest gewordenen Pudding rühren. Die Sahne mit dem Vanillezucker verrühren, steif schlagen und den Großteil davon unter den Pudding heben, dabei aber etwas Sahne zum Verzieren zurückbehalten. Die Sauerkirschen gut abtropfen lassen (einige zum Garnieren zurücklassen), mit der Sahnecreme abwechselnd in Dessertschalen schichten. Die oberste Schicht muss aus Sahnecreme bestehen. Die Schwarzwälder Kirschcreme mit der übrigen Sahne verzieren, mit den restlichen Kirschen und den Schokoladeraspeln garnieren.

Versoffene Jungfern in Apfel-Birnen-Most

FÜR 4 PERSONEN

Zutaten:
3 Eier
150 g Zucker
½ Päckchen Vanillezucker
abgeriebene Schale von
    1 unbehandelten Zitrone

150 g Weizenmehl
2 TL Backpulver
Pflanzenöl zum Ausbacken
500 ml Apfel-Birnen-Most

Die Eier, den Zucker, den Vanillezucker und den Zitronenabrieb in eine Schüssel geben und schaumig schlagen. Dazu abwechselnd das Mehl, das Backpulver und 3 EL heißes Wasser zugeben und alles schnell zusammenrühren. Den Teig gut verrühren, dann mit einem Teelöffel ovale Klößchen aus der Masse formen und diese in etwa 180 °C heißem Fett 4–5 Minuten schwimmend backen lassen, bis sie goldgelb sind. Mit einem Schaumlöffel herausnehmen. Anschließend die gebackenen Teigstückchen kurz auf ein Stück Küchenrolle legen, um das Fett abtropfen zu lassen. Zum Schluss den Apfel-Birnen-Most erwärmen und die angerichteten »Jungfern« damit übergießen.

Klassische Weihnachtsrezepte 77

Kleiner Kirschmichel
mit feiner Begleitung

FÜR 4 PERSONEN

Für die Kirschgrütze:
1 Glas (720 ml) entsteinte Kirschen
5 EL trockener Rotwein oder Kirschsaft
30 g Speisestärke
5–7 EL Zucker
Schale von 1 unbehandelten Zitrone

Für die Kirschsahne:
200 g Sahne
1 TL Zucker
Kirschsaft

Für die Kirschmichel:
4 Eiweiße
150 g weiche Butter
4 Eigelb
100 g Zucker
500 g Quark
150 g Grieß
1 TL Backpulver
abgeriebene Schale von 1 unbehandelten Zitrone
50 g gemahlene Mandeln
1 kg entsteinte Kirschen
Butter und Semmelbrösel für die Förmchen

Für die Kirschgrütze die Kirschen abtropfen lassen, dabei den Saft auffangen und mit Wasser auf 500 ml auffüllen. Etwas Saft und die Stärke glatt rühren. Den restlichen Saft mit dem Zucker und der Zitronenschale aufkochen. Die Schale entfernen, die Stärke einrühren und unter Rühren aufkochen. Die Kirschen unterheben und kurz köcheln lassen. 3–4 Stunden auskühlen lassen.

Für die Kirschsahne die Sahne mit dem Zucker steif schlagen. Dabei nach und nach etwas Kirschsaft zugeben. Bis zum Servieren kalt stellen.

Für die Kirschmichel das Eiweiß gut schaumig schlagen und kalt stellen. 8–12 kleine Souffléförmchen gut einfetten und mit Semmelbröseln ausstreuen. Den Backofen auf 200 °C (Ober-/Unterhitze) vorheizen. Ein Backblech mit hohem Rand mit so viel Wasser füllen, dass es als Wasserbad für die Förmchen dienen kann. Die Butter schaumig rühren. Das Eigelb und den Zucker untermischen, den Quark und den Grieß hinzufügen und alles zu einer schaumigen Masse rühren. Das Backpulver, den Zitronenabrieb und die Mandeln einrühren und zuletzt die Kirschen und den Eischnee unterheben. Die vorbereiteten Förmchen bis knapp unter den Rand füllen, ins Wasserbad stellen und in den Ofen schieben. Etwa 15 Minuten backen. Dann etwas abkühlen lassen, die Kirschmichel vorsichtig am Rand entlang lösen und auf Teller stürzen. Mit der Kirschgrütze und der Kirschsahne servieren.

Zedernbrödle in Halbmondform

FÜR ETWA 70–90 STÜCK

Für die Zedernbrödle:
2 Eiweiße
450 g Puderzucker
625 g geschälte, fein geriebene Mandeln
Saft und abgeriebene Schale von 1 großen
  unbehandelten Zitrone
etwas Zucker

Für die Glasur:
250 g Puderzucker
Saft einer Zitrone

Die Eiweiße werden zu einem steifen Schnee geschlagen und mit den restlichen Zutaten vermengt. Den Teig von Hand ordentlich durchkneten, bis er sich ballt. Dann gibt man ihn auf eine Arbeitsplatte und bestreut ihn mit etwas Zucker. Anschließend wird die Masse zu einer etwa ½ cm dicken Platte verarbeitet. Dazu drückt man sie mit dem Wellholz in die gewünschte Form, da sie sich nicht wirklich auswellen lässt.

Sodann sticht man die Zedernbrödle mit einer Halbmondform aus und lässt sie etwas abtrocknen, ehe sie bei 180 °C (Ober-/Unterhitze) 10–12 Minuten hellgelb gebacken werden.

Für die Glasur rührt man den Puderzucker mit dem Saft einer Zitrone glatt und bestreicht damit die fertig gebackenen Zedernbrödle.

Klassische Weihnachtsrezepte 81

Klassische Ausstecherle,
fantasievoll garniert

FÜR ETWA 60–70 STÜCK

Für die Ausstecherle:
500 g Weizenmehl (Type 405)
200 g Zucker
3 Eier
250 g Butter
2 Eigelb zum Bestreichen

Für die Garnierung:
Schokolade, bunte Zuckerperlen, Nüsse und Lebensmittelfarbe nach Belieben

Das Mehl auf ein Backblech geben und in der Mitte eine Mulde bilden. In diese gibt man zuerst den Zucker, dann die Eier. Außen herum platziert man die in Scheiben geschnittene Butter. Die Zutaten mit einem großen Messer zu einer bröseligen Masse hacken, durchkneten und den Teig mehrere Stunden im Kühlschrank ruhen lassen.

Den Teig ½ cm dick auswellen, mit beliebigen Förmchen ausstechen und im Kalten steif werden lassen.

Mit Eigelb bestreichen und 12–15 Minuten bei 190 °C (Ober-/Unterhitze) backen.

Tipp:
Garniert man die Ausstecherle mit Zuckerperlen, Schokolade, Zuckerguss oder Lebensmittelfarbe, werden kleine Kunstwerke und lustige Tierdarstellungen daraus.

Traditionelle Springerle,
ein edles Weihnachtsgebäck

FÜR ETWA 60 STÜCK

Zutaten:
4 große Eier
500 g Puderzucker
500 g Weizenmehl (Type 405)
1 Prise Hirschhornsalz
Anis, Butter

Die Eier und den Puderzucker mit der Küchenmaschine mindestens eine Viertelstunde lang schaumig rühren, anschließend das Mehl und das Hirschhornsalz dazugeben.

Nun ist Handarbeit gefragt. Den Teig ordentlich durchkneten, bis er die richtige Konsistenz erreicht hat. Danach mindestens eine Stunde lang gut abgedeckt kalt stellen. In der Zwischenzeit wird das Blech eingefettet und mit Anis bestreut.

Den Teig maximal 1 cm dick auswellen, ganz leicht mit Mehl bestäuben und in der Größe der Models beschneiden. Das gemehlte Model fest hineindrücken, den Teig sauber abschneiden und die Springerle vorsichtig auf das vorbereitete Blech legen.

Die Teiglinge auf dem Blech 12–24 Stunden in einem nicht zu stark beheizten Raum trocknen lassen. Anschließend werden sie auf der Unterseite mit Wasser befeuchtet und im Ofen blassgelb gebacken. Dazu schiebt man das Blech in den kalten Ofen und bäckt die Springerle 18–22 Minuten bei maximal 160 °C (Ober-/Unterhitze).

Tipp:
Springerle sind ausgesprochen lange haltbar. Am besten lagert man sie in einer Schachtel auf dem Balkon.

Bärentätzle
mit Schoko-Zimt-Geschmack

FÜR ETWA 100 STÜCK

Zutaten:
5–6 kleine Eiweiße
450 g Zucker
500 g ungeschälte, fein geriebene Mandeln
200 g geriebene dunkle Schokolade
1 TL Zimt
2 EL Kakao
abgeriebene Schale von ½ unbehandelten Zitrone

Die Eiweiße zu Eischnee schlagen, den Zucker daruntermischen und gut schaumig rühren. Danach die anderen Zutaten beifügen. Aus der Teigmasse etwa walnussgroße Kügelchen formen und diese in die Bärentatzenform drücken. Anschließend die Teiglinge auf ein gefettetes Blech setzen und über Nacht im Kühlen trocknen lassen. Bei 150–160 °C (Ober-/Unterhitze) etwa 18 Minuten backen.

Hutzelbrot
mit getrockneten Früchten

FÜR 2 LAIBE BROT

Zutaten:
- 500 g getrocknete Birnenschnitze
- 500 g entsteinte, getrocknete Zwetschgen
- 500 g Feigen
- 50 g Zitronat
- 50 g Orangeat
- 500 g Rosinen
- 500 g Nüsse
- 500 g Weizenmehl (Type 405)
- 1 Würfel Hefe
- 100 g Zucker

Die Birnen und die Zwetschgen etwa ½ Stunde in Wasser weich kochen (im Dampfkochtopf etwa 20 Minuten) und anschließend die Schnitzbrühe in ein Gefäß gießen.

Danach die Feigen, die Birnen und die Zwetschgen in kleine Stücke schneiden und mit dem jeweils klein geschnittenen Zitronat, Orangeat, den Rosinen und den klein gehackten Nüssen mischen.

Anschließend etwas Mehl und die Hefe mit dem Zucker und einem Teil der noch warmen Schnitzbrühe – von der man etwa 500 ml aufheben sollte – vermengen und gut durchkneten. Dann das restliche Mehl zugeben und alles glatt rühren. Den Hefeteig zugedeckt im Warmen gehen lassen.

Nachdem der Teig gegangen ist, wird er mit den anderen Zutaten vermischt und erneut kräftig durchgeknetet. Anschließend nochmals gehen lassen. Mit nassen Händen formt man aus der Masse zwei Schnitzbrotlaibe und lässt sie auf einem gefetteten Backblech nochmals gehen, ehe sie bei 200 °C (Ober-/Unterhitze) im vorgeheizten Backofen etwa 1 Stunde gebacken werden.

Nach dem Backen werden die noch warmen Schnitzbrote mit der restlichen Schnitzbrühe fein bestrichen.

Klassische Weihnachtsrezepte 89

Vitae

Katharina Hild und Nikola Hild

DIE FOTOGRAFIN
Katharina Hild, Jahrgang 1962, ist gebürtige Tübingerin. Nach Abschluss ihres Ingenieurstudiums gründete sie 1988 die Bildagentur Hild. Daneben arbeitet sie als Foto-Designerin mit den Schwerpunkten: Architektur, Kunst, Stillleben und Food.

DIE AUTORIN
Nikola Hild, Jahrgang 1958, ist gebürtige Tübingerin, studierte Empirische Kulturwissenschaft und Germanistik und ist derzeit als Gästeführerin und Mitarbeiterin der städtischen Museen in Tübingen tätig. Zusammen mit ihrer Schwester, Katharina Hild, veröffentlicht sie Reportagen und Sachbücher.

Danksagung

Ein großes Dankeschön geht an Gertrud Menczel, die den Text mit feinem Sprachgefühl, fundiertem Fachwissen und akribischer Präzision lektoriert hat. Des Weiteren danken wir Bettina Kimpel vom Silberburg-Verlag für ihre Unterstützung. Ein Backbuch lebt von appetitanregender Gestaltung. Diese lag in den Händen von Silke Schüler. Die Ideen zu diesem weihnachtlichen Koch- und Backbuch wurden im Dreier-Team ersonnen. Dabei gilt unser ganz besonderer Dank Michael Preyer, der alle Gerichte und Backwerke zubereitet, die Rezepte immer wieder verfeinert und verbessert und ihnen so den letzten Schliff verpasst hat.

Impressum

Sollte dieses Werk Links auf Webseiten Dritter enthalten, so machen wir uns die Inhalte nicht zu eigen und übernehmen für die Inhalte keine Haftung.

1. Auflage 2025

© 2025 Silberburg-Verlag GmbH,
Schweickhardtstraße 1, D-72072 Tübingen.

Alle Rechte vorbehalten.

Umschlaggestaltung: Chris Langohr, March.
Layout und Satz: Silke Schüler, Portimão.
Bildnachweis: Shutterstock: Coverbild, S. 47: Alexander Raths; S. 3 links, S. 41: gkrphoto; S. 25: New Africa; S. 49: olepeshkina. Alle anderen Fotografien von Katharina Hild, Reutlingen.
Illustrationen: Shutterstock: S. 2: L.V.L.Graphic; S. 6, 38, 91: Yanina Nosova; S. 6, 68: Ithile; S. 7: Testers Designs; S. 38: Derplan13; S. 68: Lakuku Vector; S. 90, 91: Olga Rai.
Lektorat: Gertrud Menczel, Böblingen.

Printed in Poland by CGS Printing.

ISBN 978-3-8425-2449-1

Besuchen Sie uns im Internet und entdecken Sie die Vielfalt unseres Verlagsprogramms: **www.silberburg.de**

Ihre Meinung ist wichtig für unsere Verlagsarbeit. Senden Sie uns Ihre Kritik und Anregungen an **meinung@silberburg.de**

Besonderes aus Baden und Schwaben

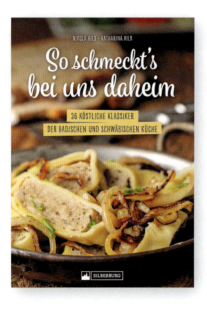

Nikola Hild, Katharina Hild

So schmeckt's bei uns daheim

36 köstliche Klassiker der badischen und schwäbischen Küche

96 Seiten.
ISBN 978-3-8425-2380-7

Dieses Kochbuch vereint die beliebtesten traditionellen badischen und schwäbischen Rezepte aus Baden-Württemberg. Von Gaisburger Marsch, Maultaschen in der Brühe und Nonnenfürzle bis zu Badischer Zwiebelsuppe, Schäufele, Spargel und Schwarzwälder Kirschcreme. Hier ist garantiert für jeden Geschmack etwas dabei!

Irene Krauß

Weihnachten hierzuland

Die schönsten Bräuche und Traditionen aus Baden und Schwaben

128 Seiten.
ISBN 978-3-8425-2462-0

Warum »loben« die Schwaben den Christbaum? Wie kommt die Linzer Torte nach Baden? Was hat es mit dem Adventskalender auf sich? Und hatte der Nikolaus schon immer eine Rute? Irene Krauß präsentiert spannende Geschichten und viel Wissenswertes aus der jahrhundertealten Kulturgeschichte des Weihnachtsfestes in Baden-Württemberg.

 SILBERBURG